Impressum
Verlag: BABADADA GmbH, Nedderfeld 112 , 22529 Hamburg
Geschäftsführer / Verlagsleitung: Harald Hof
Druck: Books on Demand GmbH, In de Tarpen 42, 22848 Norderstedt

Imprint
Publisher: BABADADA GmbH, Nedderfeld 112 , 22529 Hamburg, Germany
Managing Director / Publishing direction: Harald Hof
Print: Books on Demand GmbH, In de Tarpen 42, 22848 Norderstedt, Germany

sekolah

escola

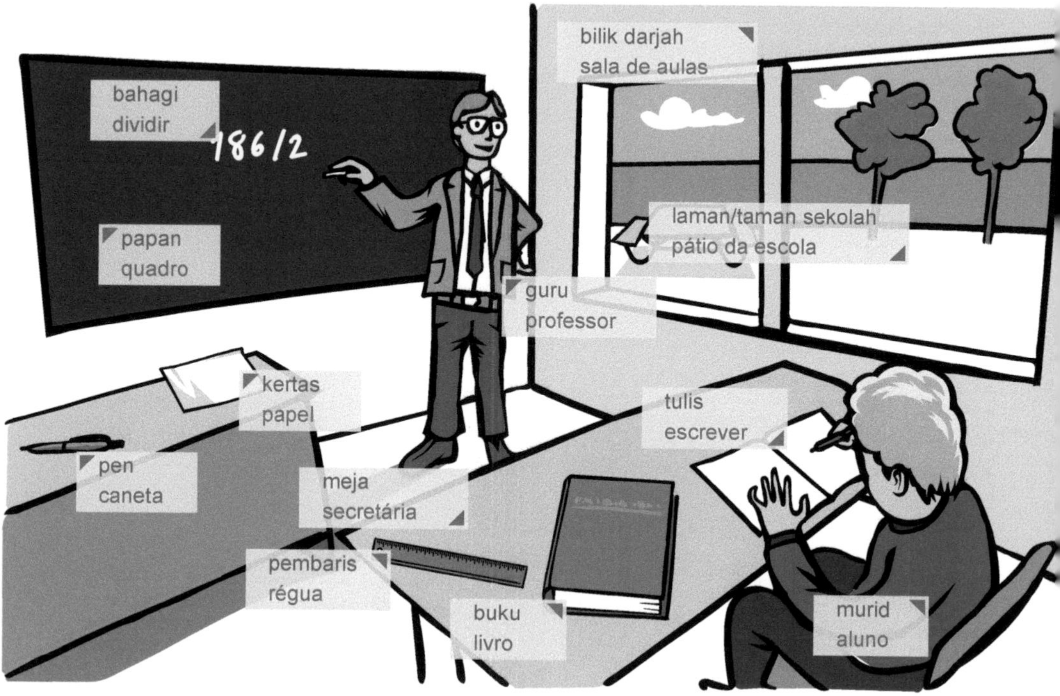

bilik darjah
sala de aulas
bahagi
dividir
186/2
papan
quadro
laman/taman sekolah
pátio da escola
guru
professor
kertas
papel
tulis
escrever
pen
caneta
meja
secretária
pembaris
régua
buku
livro
murid
aluno

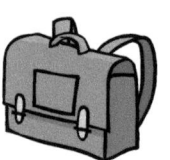

beg galas
mochila

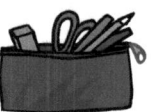

kotak pensel
estojo de lápis

pensel
lápis

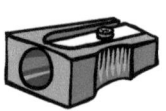

pengasah pensel
afia-lápis

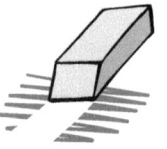

pemadam
borracha

kertas lukisan
bloco de desenho

melukis

desenho

berus lukis

pincel

kotak warna

caixa de tintas

gunting

tesoura

gam

cola

buku latihan

livro de exercícios

kerja rumah

trabalhos de casa

12

nombor

número

2+2

tambah

somar

5-2

tolak

subtrair

2×2

darab

multiplicar

kira

calcular

A

huruf

letra

ABCDEFG
HIJKLMN
OPQRSTU
VWXYZ

abjad

alfabeto

hello

kata

palavra

teks

texto

baca

ler

kapur

giz

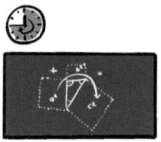

pelajaran

hora

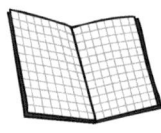

daftar

registo de presenças

peperiksaan

exame

sijil

certificado

uniform sekolah

uniforme escolar

pendidikan

educação

ensiklopedia

enciclopédia

universiti

universidade

mikroskop

microscópio

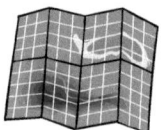

peta

mapa

bakul sampah

cesto de lixo

berjalan
viagem

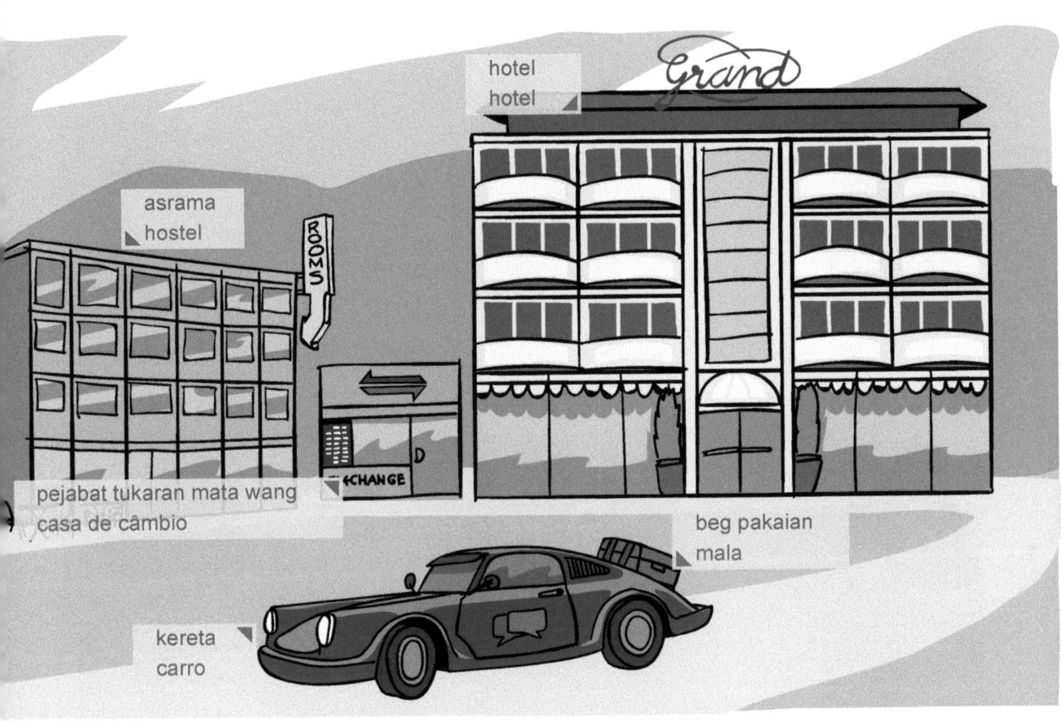
hotel
hotel
Grand
asrama
hostel
ROOMS
EXCHANGE
pejabat tukaran mata wang
casa de câmbio
beg pakaian
mala
kereta
carro

bahasa
....
idioma

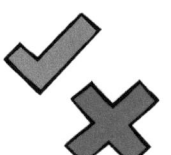

ya / tidak
....
sim / não

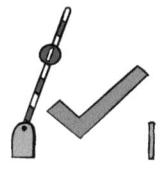

okey
....
ok / certo / correto

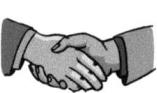

helo
....
olá

penterjemah
....
intérprete

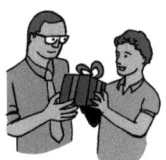

Terima kasih
....
obrigado

berapa banyak…?

quanto é que custa… ?

saya tidak faham

não entendo

masalah

problema

Selamat petang!

boa noite!

Selamat Pagi!

Bom dia!

Selamat Malam!

Boa noite!

selamat tinggal

adeus

arah

direção

bagasi

bagagem

beg

saco

beg galas

mochila

tetamu

convidado

bilik tidur

quarto

beg tidur

saco-cama

khemah

tenda

maklumat pelancong

informação turística

pantai

praia

kad kredit

cartão de crédito

sarapan

pequeno-almoço

makan tengah hari

almoço

makan malam

jantar

tiket

bilhete

lif

elevador

setem

selo postal

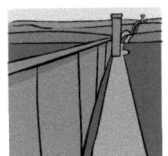

sempadan

fronteira

kastam

alfândega

kedutaan

embaixada

visa

visto

pasport

passaporte

pengangkutan
transporte

kapal terbang
avião

kapal
navio

kereta bomba
carro de bombeiros

bas
autocarro

trak
camião

motobot
barco a motor

basikal
bicicleta

kereta
carro

feri
cacilheiro

bot
barco

motosikal
mota

kereta polis
carro de polícia

kereta lumba
carro de corrida

kereta sewa
carro alugado

berkongsi kereta

carsharing

trak tunda

camião de reboque

trak menolak

camião do lixo

motor

motor

bahan api

combustível

stesen minyak

estação de serviço

tanda trafik

sinal de trânsito

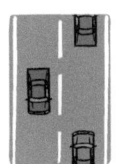

trafik

trânsito

kesesakan lalu lintas

congestionamento de trânsito

tempat parkir

arque de estacionamento

stesen kereta api

estação ferroviária

trek

carris

kereta api

comboio

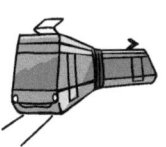

trem

elétrico

gerabak

carruagem

helikopter

helicóptero

lapangan terbang

aeroporto

Menara

torre

penumpang

passageiro

bekas

contentor

kadbod

caixa de papelão

kart

carrinho

bakul

cesto

berlepas / mendarat

levantar voo / aterrar

bandar

cidade

kampung

aldeia

pusat bandar

centro da cidade

rumah

casa

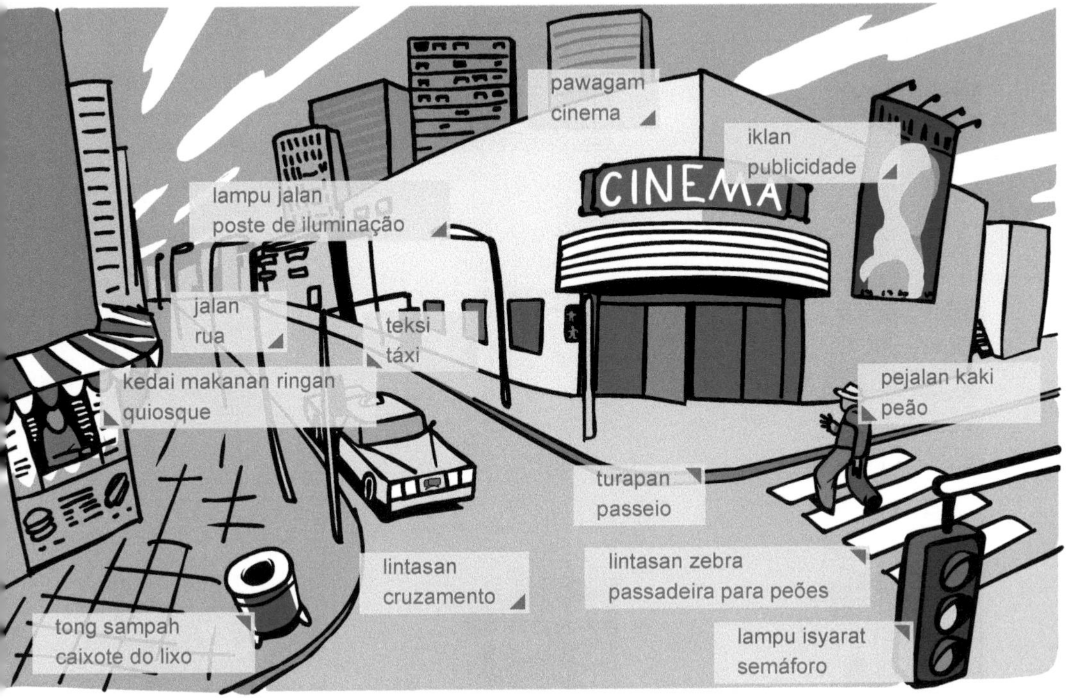

pawagam
cinema

iklan
publicidade

lampu jalan
poste de iluminação

jalan
rua

teksi
táxi

kedai makanan ringan
quiosque

pejalan kaki
peão

turapan
passeio

lintasan
cruzamento

lintasan zebra
passadeira para peões

tong sampah
caixote do lixo

lampu isyarat
semáforo

pondok

cabana

flat

apartamento

stesen kereta api

estação ferroviária

dewan bandar

câmara municipal

muzium

museu

sekolah

escola

bandar - cidade

universiti

universidade

bank

banco

hospital

hospital

hotel

hotel

farmasi

farmácia

pejabat

escritório

kedai buku

livraria

kedai

loja

kedai bunga

florista

pasar raya

supermercado

pasaran

mercado

gedung

loja de departamentos

penjual ikan

peixaria

pusat membeli-belah

centro comercial

pelabuhan

porto

bandar - cidade

taman
parque

bangku
banco

jambatan
ponte

tangga
escadas

bawah tanah
metro

terowong
túnel

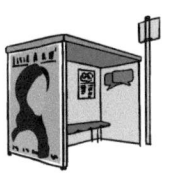

hentian bas
paragem de autocarro

bar
bar

restoran
restaurante

peti surat
caixa de correio

papan tanda jalan
sinal de trânsito

meter parkir
parquímetro

zoo
jardim zoológico

kolam renang
piscina

masjid
mesquita

ladang
quinta

pencemaran
poluição

tanah perkuburan
cemitério

gereja
igreja

taman permainan
parque infantil

kuil
templo

landskap
paisagem

daun
folha

tiang tanda
placa de sinalização

jalan
caminho

padang rumput
prado

batu
pedra

pejalan kaki
caminhantes

pokok
árvore

sungai
rio

rumput
relva

bunga
flor

14

lembah

vale

bukit

montanha

tasik

lago

hutan

floresta

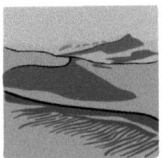

padang pasir

deserto

gunung berapi

vulcão

istana

castelo

pelangi

arco-íris

cendawan

cogumelo

pokok kelapa sawit

palma

nyamuk

mosquito

terbang

mosca

semut

formiga

lebah

abelha

labah-labah

aranha

kumbang

besouro

katak

sapo

tupai

esquilo

landak

ouriço

arnab

lebre

burung hantu

coruja

burung

pássaro

angsa

cisne

babi jantan

javali

rusa

veado

moose

alce

empangan

barragem

turbin angin

turbina eólica

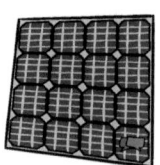

panel solar

painel solar

iklim

clima

restoran
restaurante

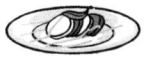

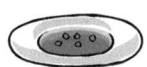

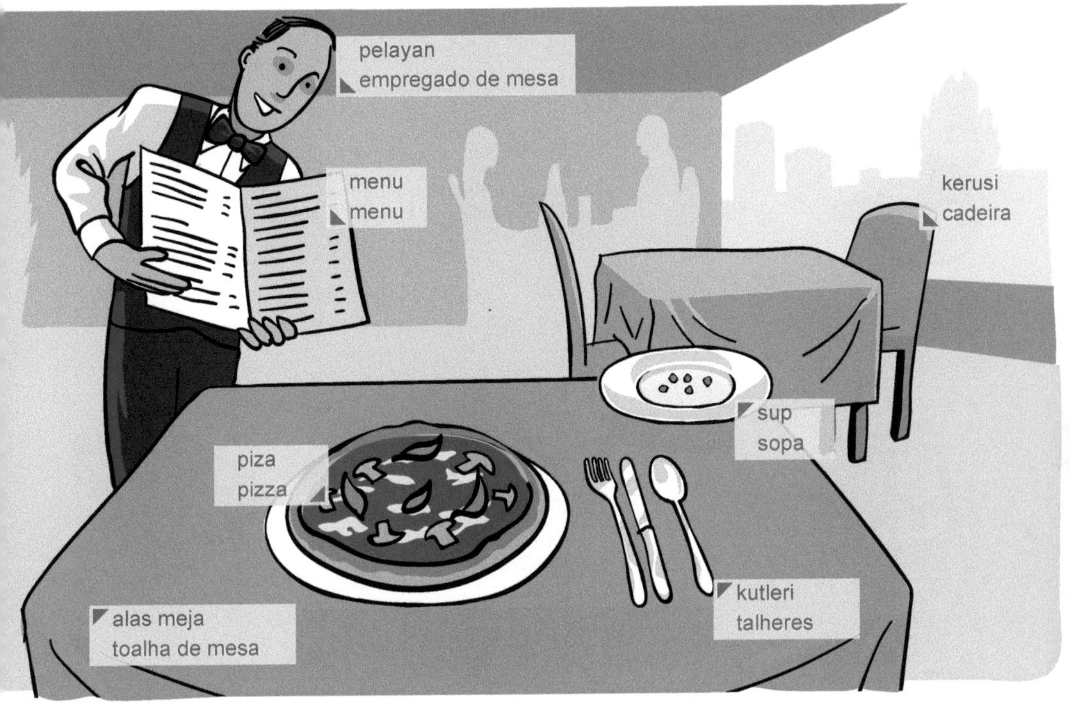
pelayan
empregado de mesa
menu
menu
kerusi
cadeira
sup
sopa
piza
pizza
kutleri
talheres
alas meja
toalha de mesa

pemula
entrada

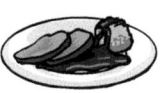

hidangan utama
prato principal

pencuci mulut
sobremesa

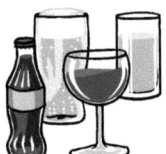

minuman
bebidas

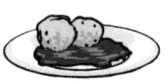

makanan
comida

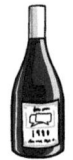

botol
garrafa

makanan segera

fast food

makanan jalanan

comida de rua

teko

bule de chá

mangkuk gula

açucareiro

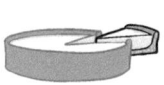

bahagian

porção

mesin espreso

máquina de café expresso

kerusi tinggi

cadeira alta

bil

conta

dulang

bandeja

pisau

faca

garfu

garfo

sudu

colher

sudu teh

colher de chá

serviette

guardanapo

gelas

copo

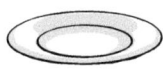

pinggan

prato

mangkuk sup

prato de sopa

piring

pires

sos

molho

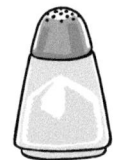

tempat garam

saleiro

pengisar lada

moinho de pimenta

cuka

vinagre

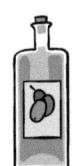

minyak

óleo

rempah

especiarias

sos

ketchup

mustard

mostarda

mayones

maionese

pasar raya
supermercado

tawaran istimewa
oferta especial
FOR
pelanggan
cliente
tenusu
laticínios
buah-buahan
fruta
troli
carrinho de compras

BUTCHERS

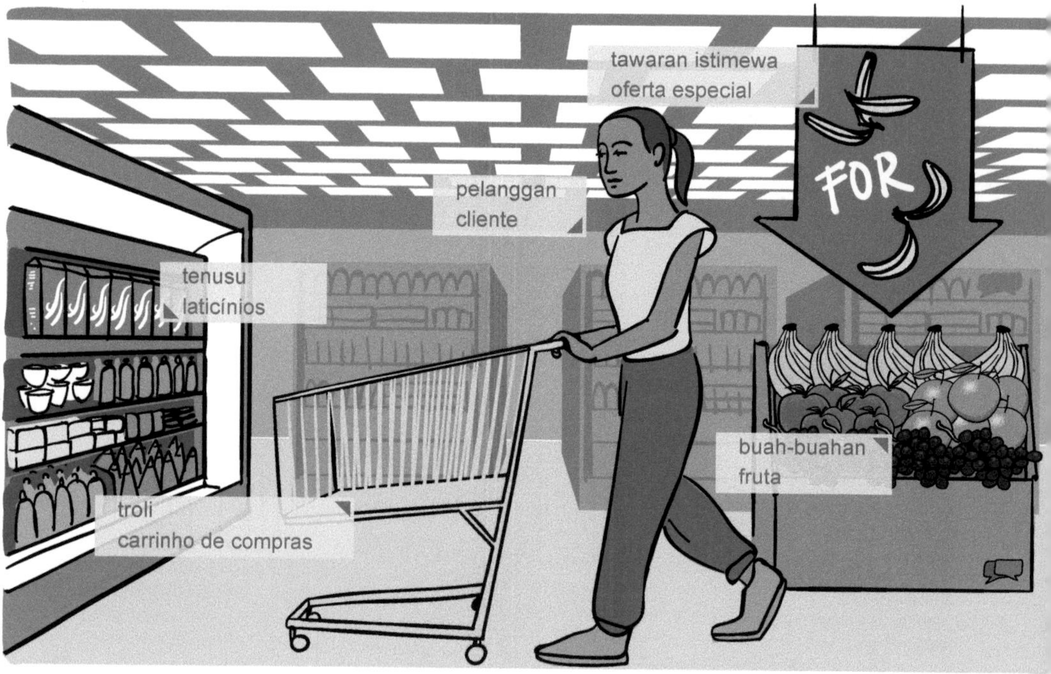

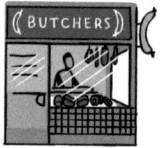

tukang daging
talho

BAKERY

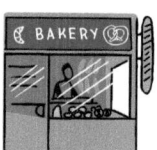

kedai roti
padaria

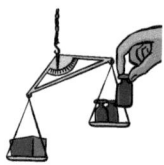

berat
pesar

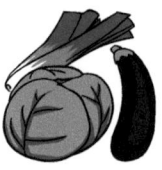

sayur-sayuran
vegetais

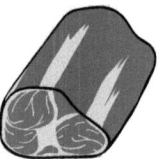

daging
carne

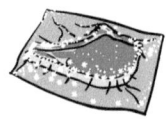

makanan sejuk beku
alimentos congelados

daging sejuk

charcutaria

makanan dalam tin

comida enlatada

serbuk pencuci

detergente em pó

gula-gula

doces

produk isi rumah

artigos domésticos

produk pembersihan

produtos de limpeza

orang jualan

vendedora

daftar tunai

caixa

juruwang

caixa .

senarai membeli-belah

lista de compras

waktu pembukaan

horário de funcionamento

beg duit

carteira

kad kredit

cartão de crédito

beg

saco

beg plastik

saco de plástico

air
....
água

jus
....
sumo

susu
....
leite

kola
....
coca-cola

wain
....
vinho

bir
....
cerveja

alkohol
....
álcool

koko
....
cacau

the
....
chá

kopi
....
café

espreso
....
café expresso

kapucino
....
capuccino

pisang

banana

epal

maçã

oren

laranja

tembikai

melão

lemon

limão

lobak merah

cenoura

bawang putih

alho

buluh

bambu

bawang

cebola

cendawan

cogumelo

kacang

nozes

mi

talharim

spageti

esparguete

nasi

arroz

salad

salada

kerepek

batatas fritas

kentang goreng

batatas fritas

piza

pizza

hamburger

hambúrguer

sandwic

sanduíche

kutlet

bife panado

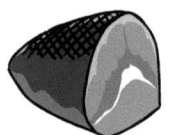

ham

fiambre

salami

salame

sosej

salsicha

ayam

galinha

panggang

assado

ikan

peixe

bubur oat

flocos de aveia

muesli

muesli

emping jagung

flocos de milho

tepung

farinha

kroisan

croissant

roti roll

carcaça (pãozinho)

roti

pão

roti bakar

torrada

biskut

biscoitos

mentega

manteiga

dadih

requeijão

kek

bolo

telur

ovo

telur goreng

ovo estrelado

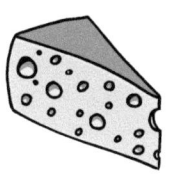

keju

queijo

ais krim

gelado

gula

açúcar

madu

mel

jem

compota

krim nougat

creme de nougat

kari

caril

ladang
quinta

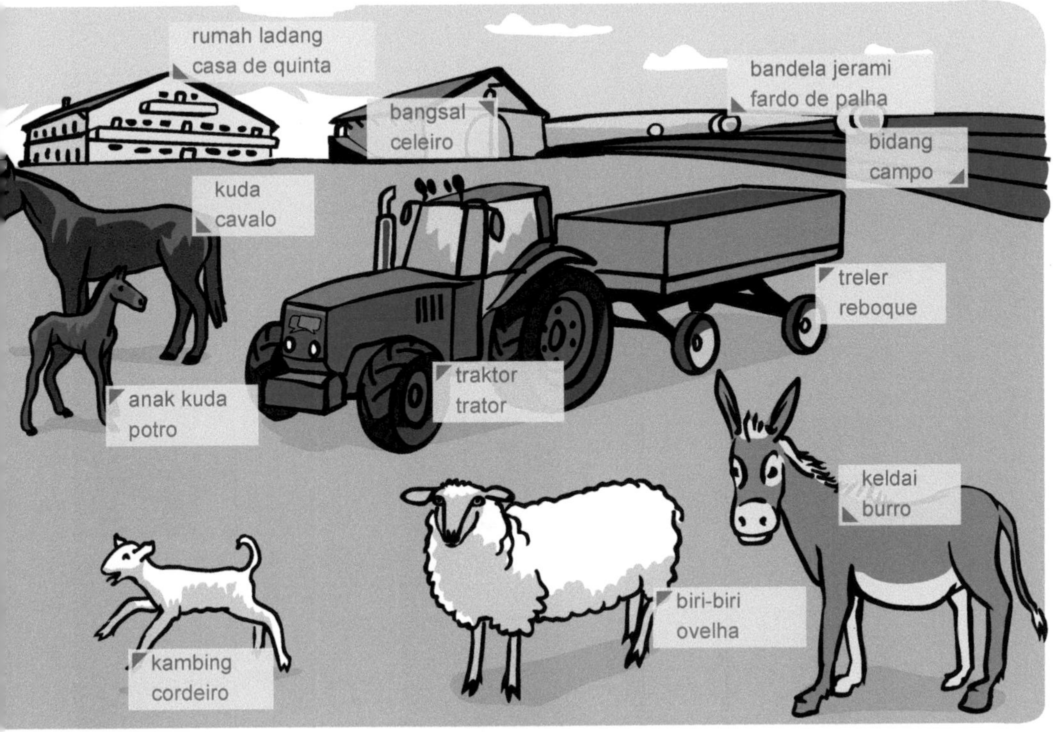

rumah ladang
casa de quinta
bangsal
celeiro
bandela jerami
fardo de palha
bidang
campo
kuda
cavalo
treler
reboque
traktor
trator
anak kuda
potro
keldai
burro
biri-biri
ovelha
kambing
cordeiro

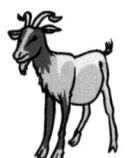

kambing

cabra

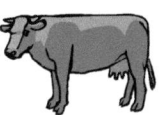

lembu

vaca

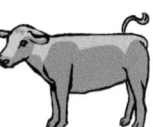

anak lembu

bezerro

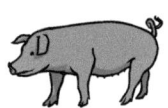

babi

porco

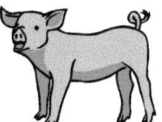

anak babi

leitão

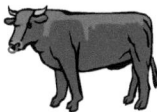

lembu

touro

angsa

ganso

itik

pato

anak ayam

pintaínho

ayam betina

galinha

ayam jantan muda

galo

tikus

ratazana

kucing

gato

tikus

rato

lembu jantan

boi

anjing

cão

rumah anjing

casota

hos taman

mangueira de jardim

bekas siraman

regador

sabit

foice

bajak

arado

sabit
foice

cangkul
enxada

serampang peladang
forquilha

kapak
machado

kereta sorong
carrinho de mão

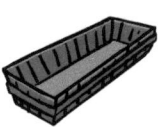

palung
manjedoura

tin susu
jarro de leite

karung
saco

pagar
cerca

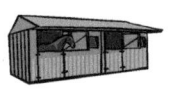

stabil
estábulo

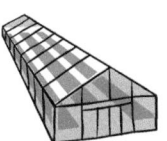

rumah hijau
estufa

tanah
solo

benih
semente

baja
fertilizante

jentuai
ceifeira-debulhadora

tuai
colher

menuai
colheita

keladi
inhame

gandum
trigo

soya
soja

kentang
batata

jagung
milho

biji sawi
colza

pokok buah-buahan
árvore de fruto

ubi kayu
mandioca

bijirin
cereais

rumah
casa

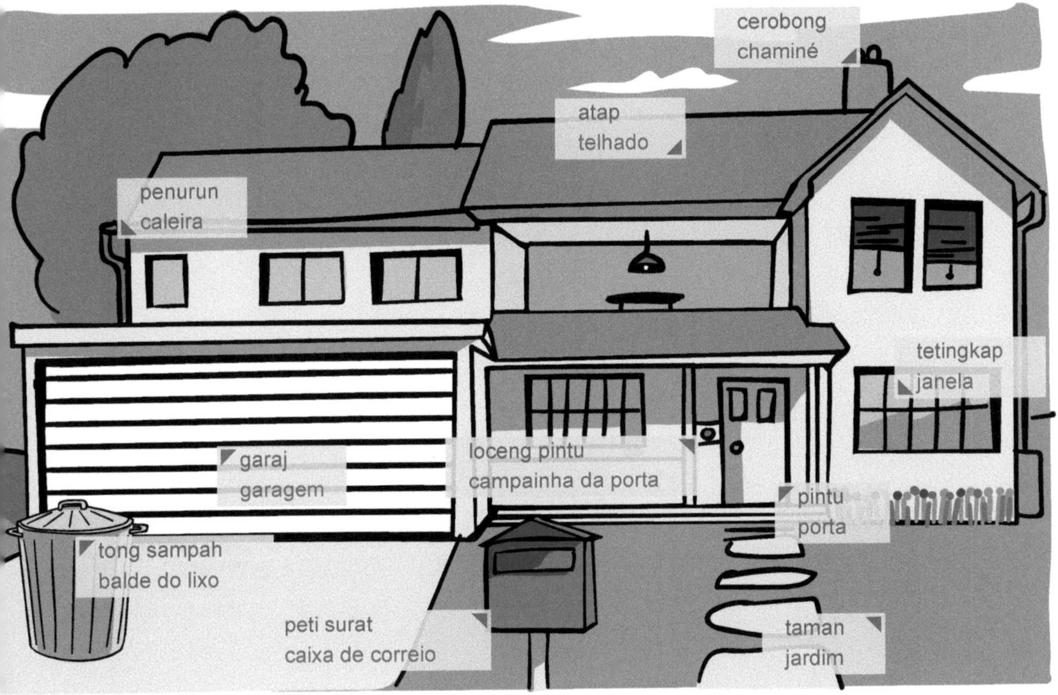

cerobong
chaminé
atap
telhado
penurun
caleira
tetingkap
janela
garaj
garagem
loceng pintu
campainha da porta
pintu
porta
tong sampah
balde do lixo
peti surat
caixa de correio
taman
jardim

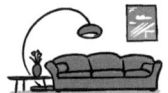

ruang tamu

sala de estar

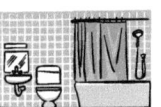

bilik air

casa de banho

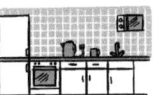

dapur

cozinha

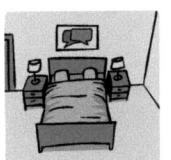

bilik tidur

quarto de dormir

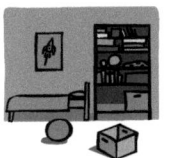

bilik kanak-kanak

quarto de criança

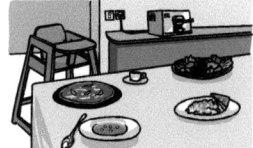

ruang makan

sala de jantar

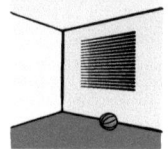

lantai

chão

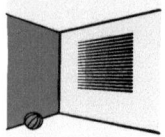

dinding

parede

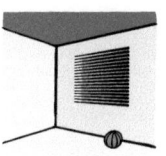

siling

teto

bilik bawah tanah

cave

sauna

sauna

balkoni

varanda

teres

terraço

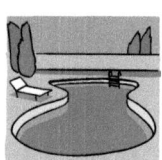

kolam renang

piscina

pemotong rumput

máquina de cortar relvado

lembaran

lençol

penutup tilam

cobertor

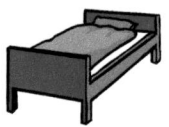

katil

cama

penyapu

vassoura

timba

balde

suis

interruptor

ruang tamu
sala de estar

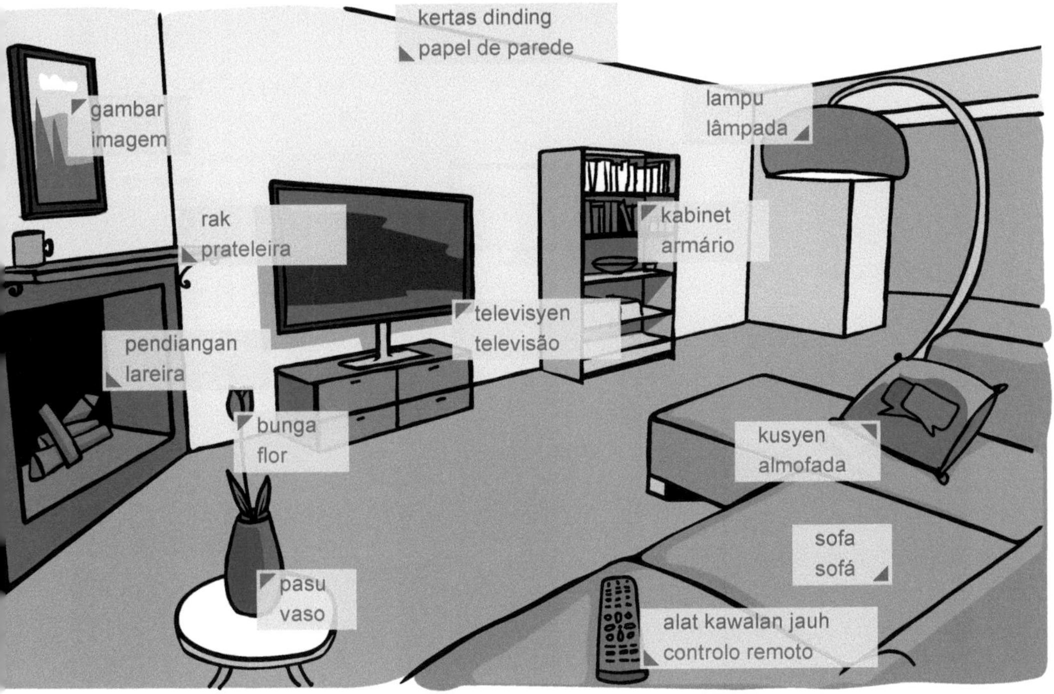
kertas dinding
papel de parede
gambar
imagem
lampu
lâmpada
rak
prateleira
kabinet
armário
televisyen
televisão
pendiangan
lareira
bunga
flor
kusyen
almofada
sofa
sofá
pasu
vaso
alat kawalan jauh
controlo remoto

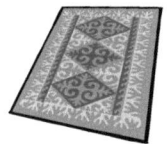

permaidani
tapete

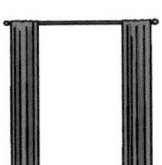

tirai
cortina

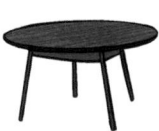

meja
mesa

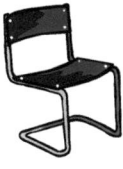

kerusi
cadeira

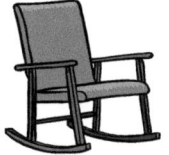

kerusi malas
cadeira de baloiço

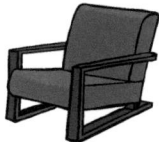

kerusi
poltrona

buku

livro

selimut

cobertor

hiasan

decoração

kayu api

lenha

filem

filme

hi-fi

sistema estéreo

kunci

chave

akhbar

jornal

lukisan

pintura

poster

póster

radio

rádio

buku catatan

bloco de notas

penyedut habuk

aspirador

kaktus

cato

lilin

vela

dapur
cozinha

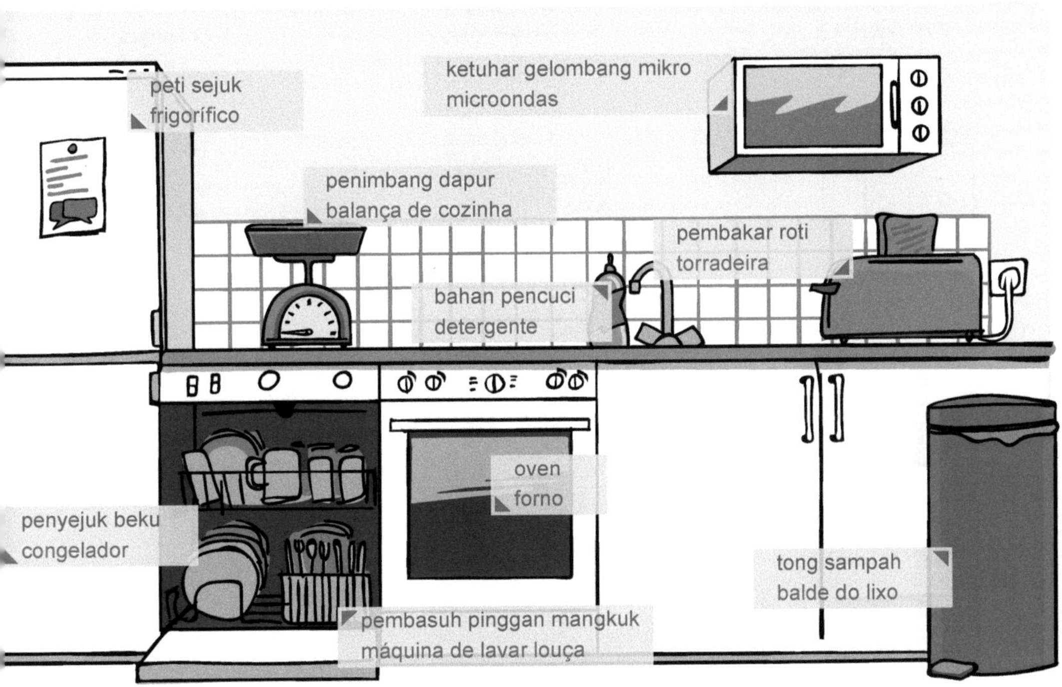
peti sejuk
frigorífico
ketuhar gelombang mikro
microondas
penimbang dapur
balança de cozinha
pembakar roti
torradeira
bahan pencuci
detergente
oven
forno
penyejuk beku
congelador
tong sampah
balde do lixo
pembasuh pinggan mangkuk
máquina de lavar louça

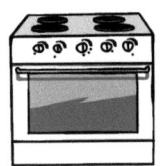

periuk dapur

fogão

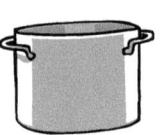

periuk

panela

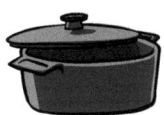

periuk besi

panela de ferro

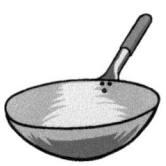

kuali

wok / kadai

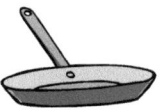

pan

frigideira

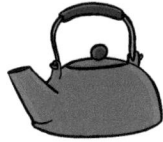

cerek

chaleira

pengukus

panela a vapor

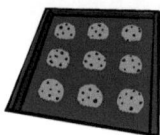

dulang pembakar

tabuleiro de forno

pinggan mangkuk

louça

koleh

caneca

mangkuk

tigela

penyepit

pauzinhos

senduk

concha de sopa

spatula

espátula

pengadun

batedor de claras

penapis

escorredor

ayak

peneira

pemarut

ralador

mortar

almofariz

barbeku

churrasqueira

pembakaran terbuka

lareira

papan pencincang

tábua de cortar

pin golekan

rolo da massa

skru gabus

saca-rolhas

tin

lata

pembuka tin

abridor de latas

pemegang periuk

luvas de forno

sinki

lava-loiça

berus

escova

span

esponja

pengisar

liquidificador

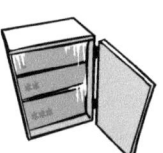

penyejuk beku

arca frigorífica

botol bayi

biberão

paip

torneira

bilik air

casa de banho

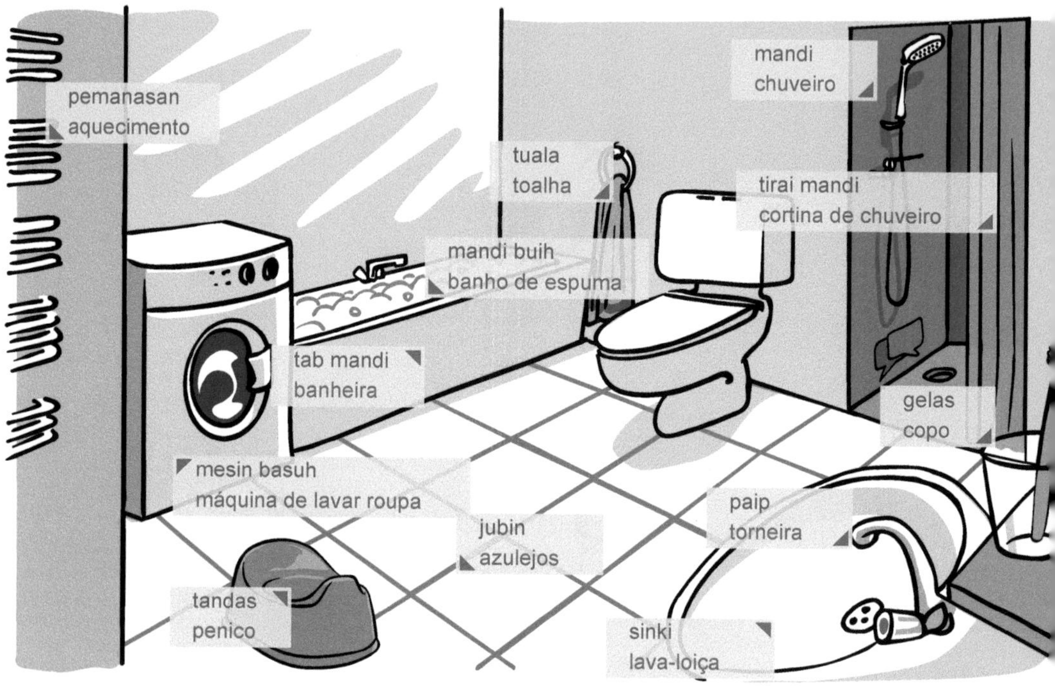

pemanasan
aquecimento
mandi
chuveiro
tuala
toalha
tirai mandi
cortina de chuveiro
mandi buih
banho de espuma
tab mandi
banheira
gelas
copo
mesin basuh
máquina de lavar roupa
paip
torneira
jubin
azulejos
tandas
penico
sinki
lava-loiça

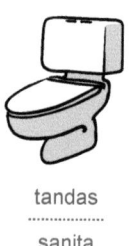

tandas

sanita

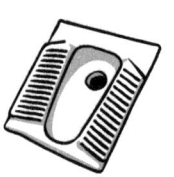

tandas mencangkung

retrete turca

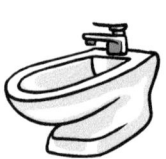

mangkuk tandas

bidé

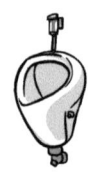

tandas awam

urinol

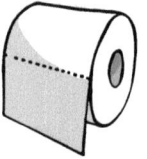

kertas tandas

papel higiénico

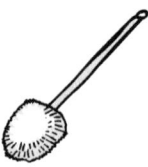

berus tandas

piaçaba

berus gigi

escova de dentes

ubat gigi

pasta de dentes

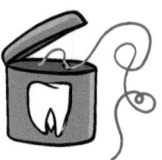

flos gigi

fio dentário

cuci

lavar

mandian tangan

chuveiro de mão

pancuran

duche íntimo

besen

bacia

belakang berus

escova para as costas

sabun

sabonete

gel mandian

gel de banho

syampu

champô

flanel

toalha de rosto

longkang

escoamento

krim

creme

deodoran

desodorizante

cermin

espelho

cermin tangan

espelho de mão

pisau cukur

máquina de barbear

busa cukur

creme de barbear

selepas cukur

loção pós-barba

sikat

pente

berus

escova

pengering rambut

secador de cabelo

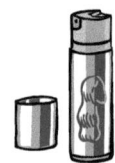

semburan rambut

spray de cabelo

mekap

maquilhagem

gincu

batom

varnis kuku

verniz de unhas

bulu kapas

algodão

gunting kuku

tesoura para unhas

pewangi

perfume

beg basuhan

nécessaire

bangku

tamborete

skala berat

balança

jubah mandi

roupão de banho

sarung tangan getah

luvas de borracha

kapas

tampão

tuala wanita

penso higiénico

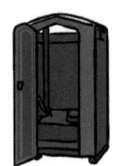

tandas kimia

WC químico

bilik kanak-kanak

quarto de criança

jam loceng
despertador
mainan kegemaran
peluche
kereta mainan
carro de brincar
kerincing bayi
chocalho
rumah anak patung
casa de bonecas
hadiah
presente

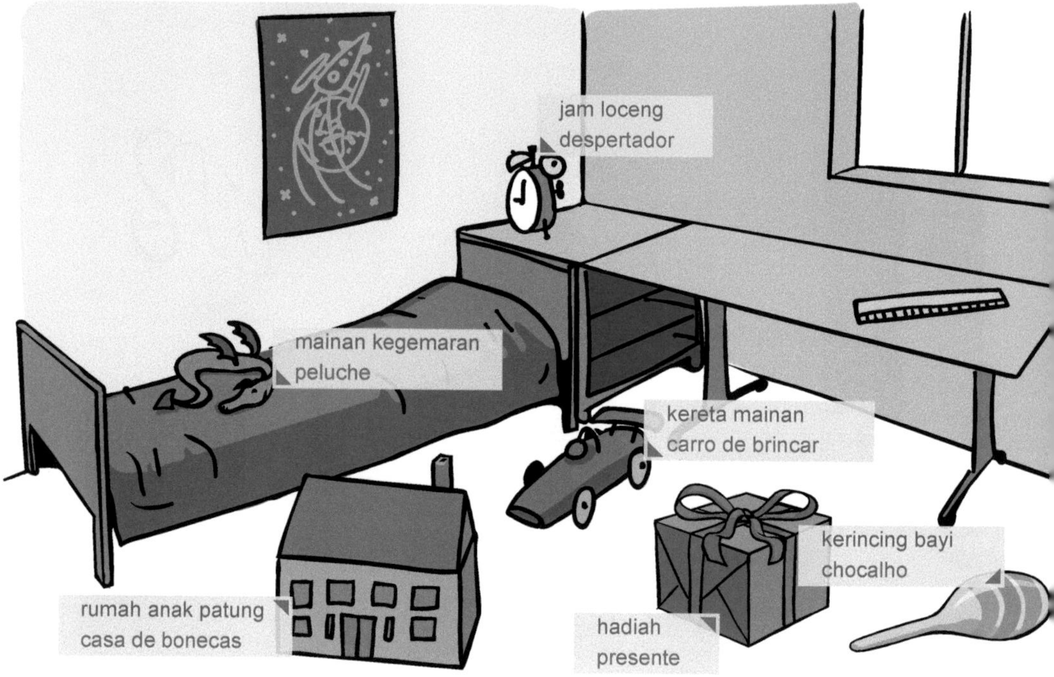

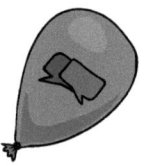

belon

balão

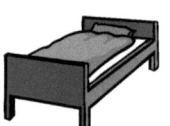

katil

cama

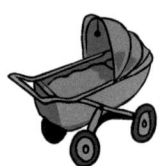

kereta sorong bayi

carrinho de bebé

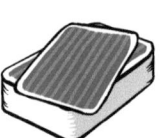

set kad

jogo de cartas

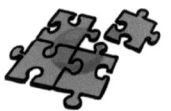

susun suai gambar

quebra-cabeças

SUPER
MEGA

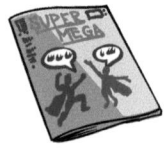

komik

banda desenhada

batu bata lego

peças de Lego

blok mainan

blocos de construção

figura aksi

figura de ação

baju bayi

fato de bebé

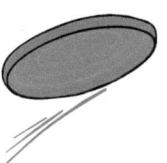

frisbee

Frisbee

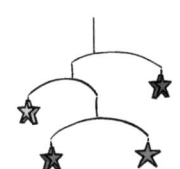

mainan bayi mudah alih

móbile para bebé

permainan papan

jogo de tabuleiro

dadu

dados

set model kereta api

pista de comboio elétrico

palsu

chupeta

parti

festa

buku bergambar

livro ilustrado

bola

bola

anak patung

boneca

main

jogar

lubang pasir

caixa de areia

buai

baloiço

mainan

brinquedos

konsol permainan video

consola de jogos

basikal roda tiga

triciclo

anak patung beruang

ursinho de peluche

almari pakaian

guarda-roupa

pakaian

vestuário

stoking

meias

stoking

meias pelo joelho

ketat

meias-calças

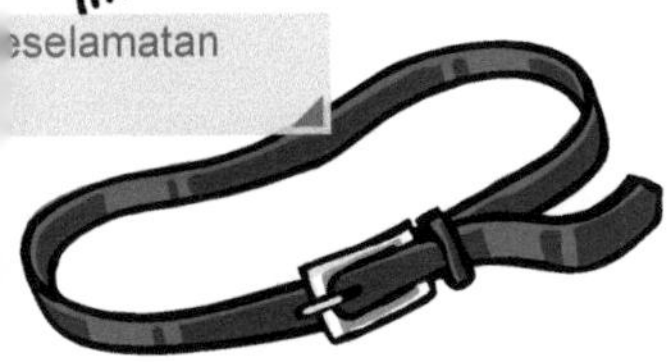

skarf
cachecol

payung
guarda-chuva

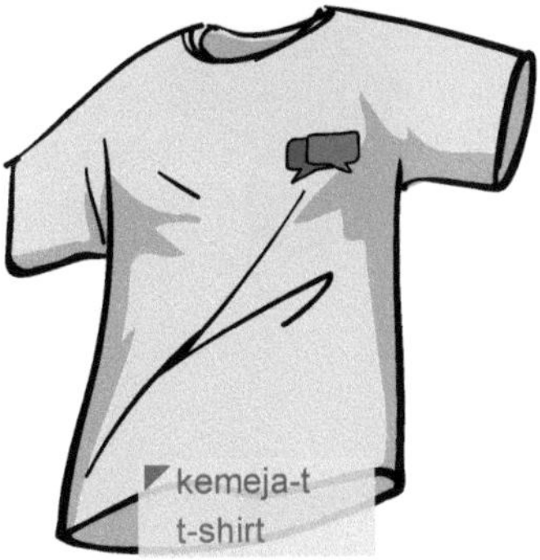

eselamatan

kemeja-t
t-shirt

kasut sukan
sapatilhas

but
botas

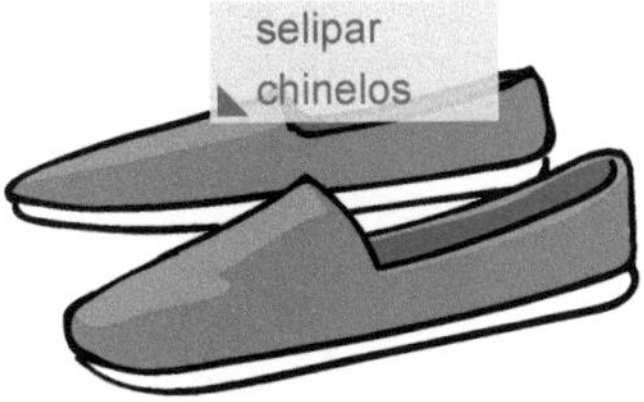

selipar
chinelos

sandal
sandálias

kasut
sapatos

but getah
botas de borracha

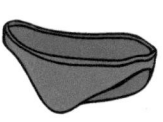

seluar dalam
cuecas

coli
sutiã

ves
camisola interior

badan

body

Seluar panjang

calças

jean

calças de ganga

skirt

saia

blaus

blusa

kemeja

camisa

baju panas sarung

pulôver

sweater

camisola com capuz

blazer

blazer

jaket

casaco

kot

manto

baju hujan

gabardina

kostum

traje

pakaian

vestido

baju pengantin

vestido de casamento

sut
fato

baju tidur
camisa de dormir

baju tidur
pijama

sari
sari

skarf kepala
lenço de cabeça

serban
turbante

burqa
burca

kaftan
cafetã

abaya/jubah
abaya

baju renang
fato de banho

seluar renang
calções de banho

seluar pendek
calções

sut balapan
fato de treino

apron
avental

sarung tangan
luvas

butang

botão

cermin mata

óculos

gelang tangan

pulseira

rantai leher

colar

cincin

anel

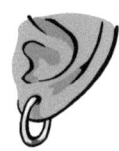

subang

brinco

topi

boné

penyangkut kot

cabide

topi

chapéu

tali leher

gravata

zip

fecho de correr

topi keledar

capacete

pendakap

suspensórios

uniform sekolah

uniforme escolar

seragam

uniforme

lapik dada

babete

palsu

chupeta

lampin

fralda

pejabat
escritório

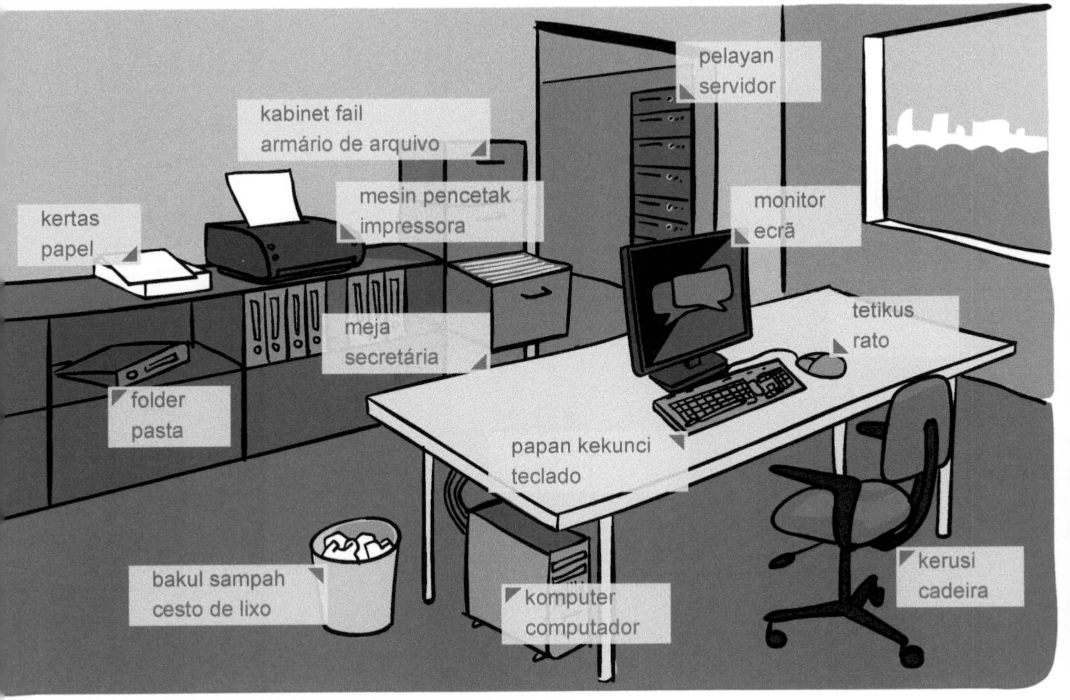

pelayan
servidor

kabinet fail
armário de arquivo

mesin pencetak
impressora

kertas
papel

monitor
ecrã

tetikus
rato

meja
secretária

folder
pasta

papan kekunci
teclado

bakul sampah
cesto de lixo

kerusi
cadeira

komputer
computador

cawan kopi

caneca de café

kalkulator

calculadora

internet

internet

komputer riba

computador portátil

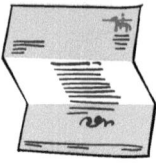

surat

carta

mesej

mensagem

mudah alih

telemóvel

rangkaian

rede

mesin fotokopi

fotocopiadora

perisian

software

telefon

telefone

soket plag

tomada elétrica

mesin faks

fax

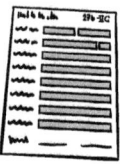

bentuk

formulário

dokumen

documento

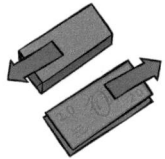

beli

comprar

bayar

pagar

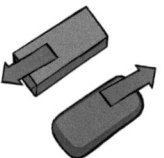

berdagang

negociar

wang

dinheiro

USD

dolar

dólar

EUR

euro

euro

JPY

yen

yen

RUB

rubel

rublo

CHF

franc swiss

franco suíço

CNY

renminbi yuan

renminbi yuan

INR

rupee

rupia

mata tunai

caixa de multibanco

pejabat tukaran mata wang

casa de câmbio

emas

ouro

perak

prata

minyak

petróleo

tenaga

energia

harga

preço

kontrak

contrato

cukai

imposto

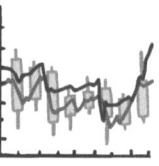

stok

ação

kerja

trabalhar

pekerja

empregado

majikan

entidade patronal

kilang

fábrica

kedai

loja

pekerjaan
profissões

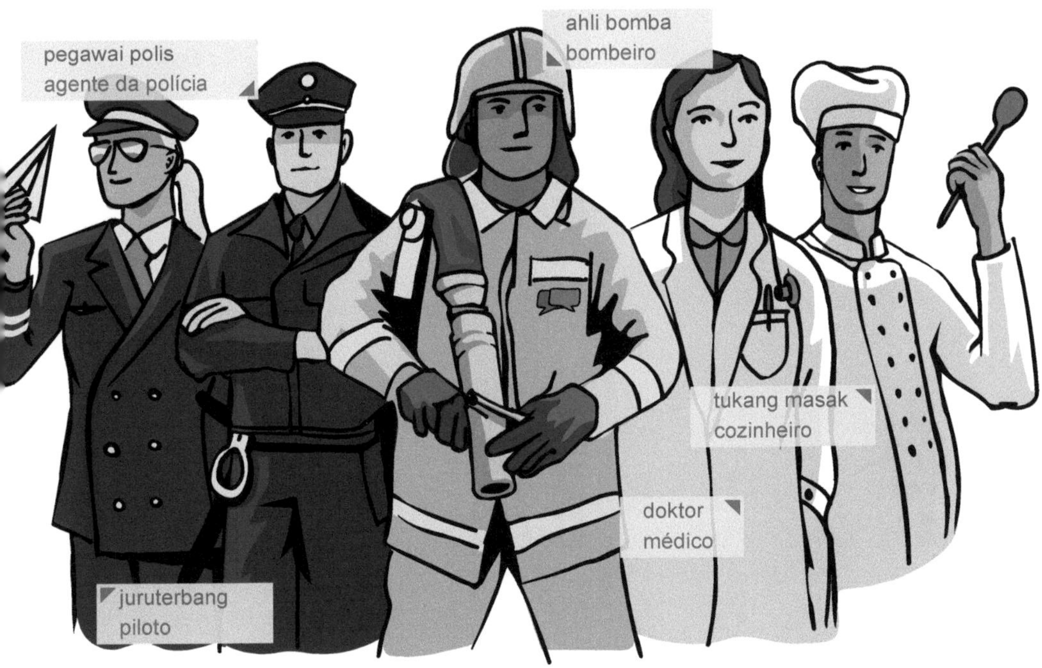

pegawai polis
agente da polícia
ahli bomba
bombeiro
tukang masak
cozinheiro
doktor
médico
juruterbang
piloto

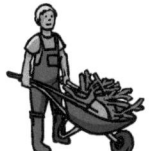

tukang kebun
jardineiro

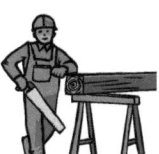

tukang kayu
carpinteiro

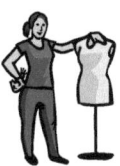

tukang jahit
costureira

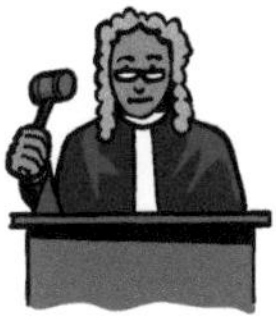

hakim
juiz

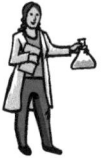

ahli kimia
químico

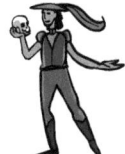

pelakon
ator

pemandu bas

motorista de autocarro

pemandu teksi

motorista de táxi

nelayan

pescador

wanita pencuci

empregada de limpeza

kasau

telhador

pelayan

empregado de mesa

pemburu

caçador

pelukis

pintor

bakeri

padeiro

juruelektrik

eletricista

pembangun

construtor

jurutera

engenheiro

penjual daging

talhante

tukang paip

canalizador

posmen

carteiro

askar

soldado

arkitek

arquiteto

juruwang

caixa

kedai bunga

florista

pendandan rambut

cabeleireiro

konduktor

controlador de bilhetes

mekanik

mecânico

kapten

capitão

doktor gigi

dentista

ahli sains

cientista

tuhanku

rabino

imam

imã

sami

monge

paderi

pastor

alat
ferramentas

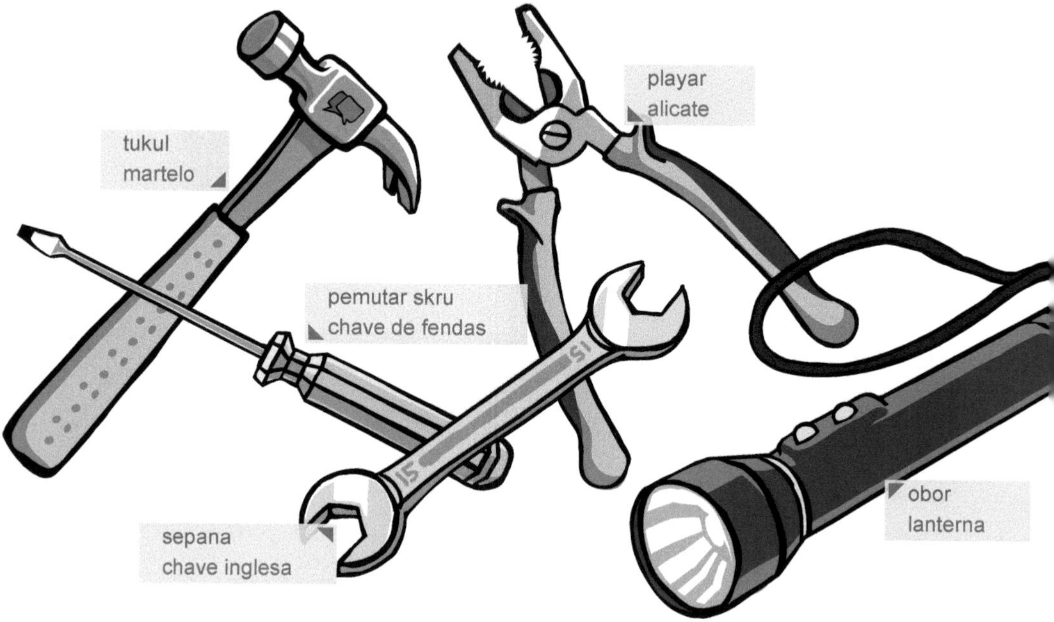
tukul
martelo
playar
alicate
pemutar skru
chave de fendas
sepana
chave inglesa
obor
lanterna

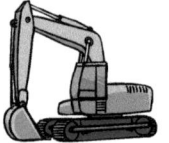

pengorek

escavadora

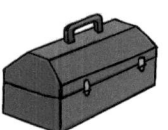

kotak peralatan

caixa de ferramentas

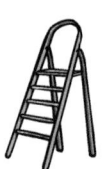

tangga

escadote

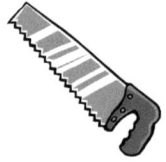

gergaji

serra

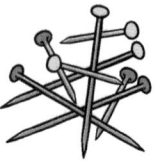

kuku

pregos

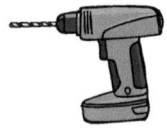

gerudi

broca

baiki

reparar

penyodok

pá

Celaka!

porcaria!

penadah sampah

pá de lixo

periuk cat

pote de tinta

skru

parafusos

alat muzik

instrumentos musicais

pembesar suara
altifalante

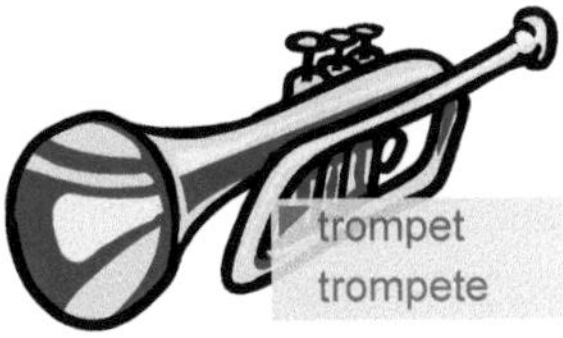

perangkat dram
bateria

gitar
guitarra

bass berganda
contrabaixo

trompet
trompete

piano

piano

biola

violino

bass

baixo

timpani

timbales

dram

tambor

papan kekunci

teclado

saksofon

saxofone

seruling

flauta

mikrofon

microfone

jardim zoológico

pintu masuk
entrada

harimau
tigre

sangkar
gaiola

zebra
zebra

makanan haiwan
ração animal

panda
panda

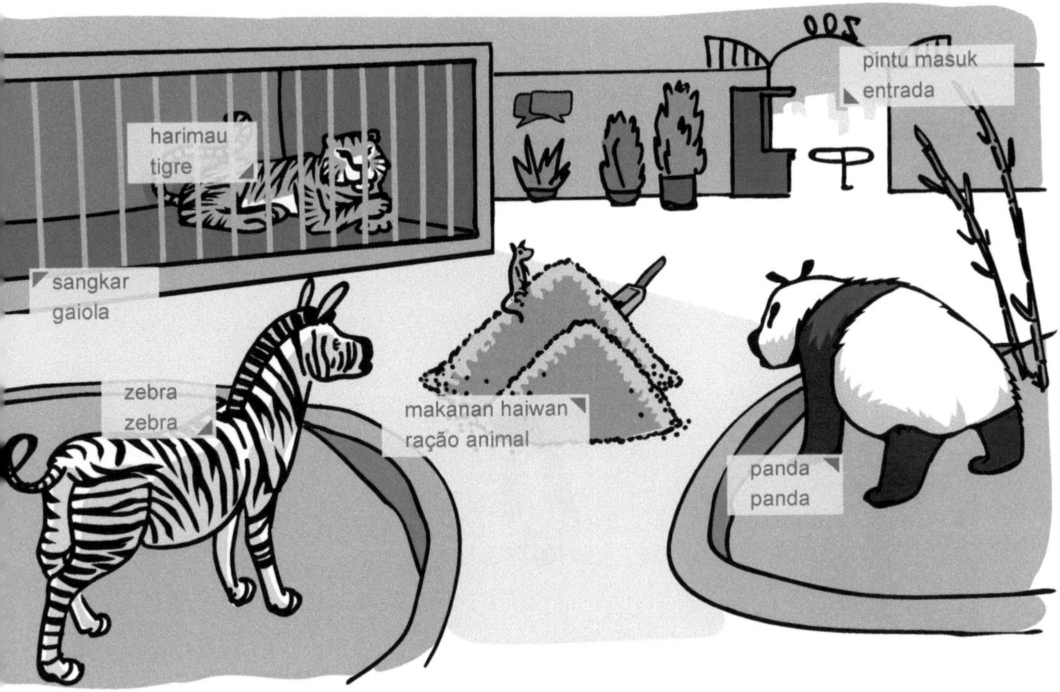

haiwan
animais

gajah
elefante

kanggaru
canguru

badak sumbu
rinoceronte

gorila
gorila

beruang
urso

unta

camelo

burung unta

avestruz

singa

leão

monyet

macaco

flamingo

flamingo

nuri

papagaio

beruang kutub

urso polar

penguin

pinguim

yu

tubarão

merak

pavão

ular

cobra

buaya

crocodilo

penjaga zoo

guarda do jardim zoológico

anjing laut

foca

jaguar

jaguar

kuda

pónei

harimau

leopardo

badak air

hipopótamo

zirafah

girafa

helang

águia

babi jantan

javali

ikan

peixe

penyu

tartaruga

anjing laut

morsa

musang

raposa

rusa

gazela

sukan
desporto

bola sepak Amerika
futebol americano

berbasikal
ciclismo

tenis
ténis

bola keranjang
basquetebol

renang
natação

tinju
boxe

hoki ais
hóquei no gelo

bola sepak
futebol

badminton
badminton

olahraga
atletismo

bola baling
andebol

ski
esqui

polo
polo

lompat
saltar

ketawa
rir

peluk
abraçar

berjalan
andar

menyanyi
cantar

mimpi
sonhar

berdoa
rezar

cium
beijar

tulis
escrever

lukis
desenhar

tunjuk
mostrar

tolak
empurrar

beri
dar

ambil
tomar

ada
ter

buat
fazer

ialah
ser

berdiri
ficar de pé

lari
correr

tarik
puxar

buang
remessar

jatuh
cair

tipu
deitar

tunggu
esperar

bawa
carregar

duduk
sentar

pakai
vestir

tidur
dormir

bangkit
acordar

lihat pada

olhar para

menangis

chorar

strok

acariciar

sikat

pentear

cakap

falar

faham

compreender

tanya

perguntar

dengar

ouvir

minum

beber

makan

comer

mengemas

arrumar

sayang

amar

masak

cozinhar

pandu

conduzir

terbang

voar

belayar

velejar

kira

calcular

baca

ler

belajar

aprender

kerja

trabalhar

nikah

casar

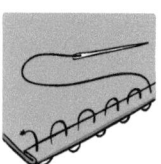

jahit

costurar

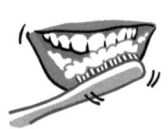

memberus gigi

escovar os dentes

bunuh

matar

asap

fumar

hantar

enviar

nenek
avó

datuk
avô

bapa
pai

ibu
mãe

bayi
bebé

anak perempuan
filha

anak lelaki
filho

tetamu

convidado

mak cik

tia

pak cik

tio

abang

irmão

kakak

irmã

keluarga - família

badan
corpo

dahi
testa
mata
olho
muka
cara
dagu
queixo
jari
dedo
tangan
mão
dada
peito
lengan
braço
bahu
ombro
kaki
perna

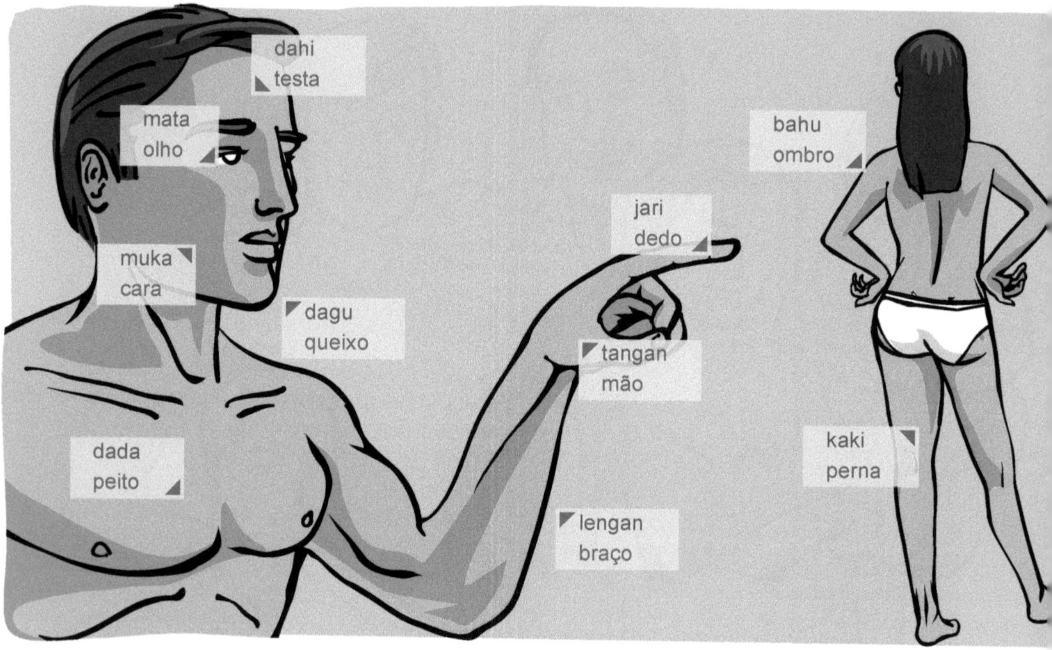

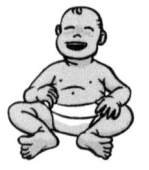

bayi
bebé

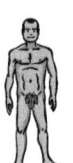

lelaki
homem

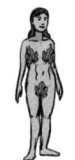

wanita
mulher

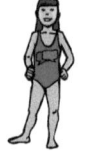

perempuan
menina

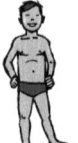

lelaki
menino

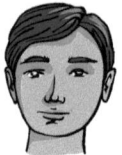

kepala
cabeça

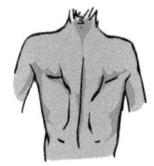

belakang
costas

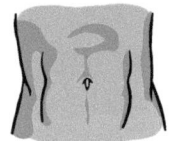

bawah perut
barriga

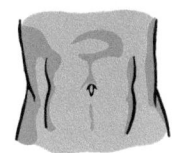

pusat
umbigo

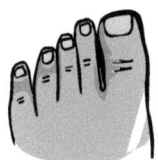

jari kaki
dedo do pé

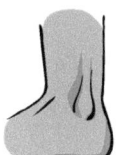

tumit
calcanhar

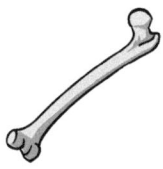

tulang
osso

pinggul
anca

lutut
joelho

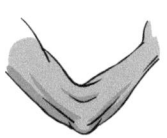

siku
cotovelo

hidung
nariz

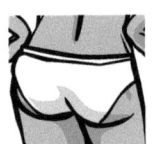

bawah
nádegas

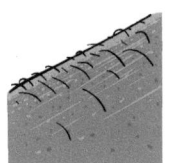

kulit
pele

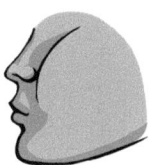

pipi
bochecha

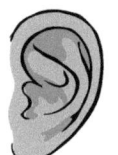

telinga
orelha

bibir
lábio

mulut
boca

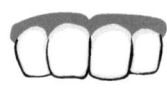

gigi
dente

lidah
língua

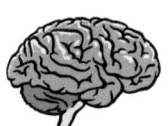

otak
cérebro

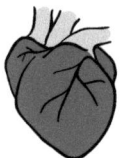

hati
coração

otot
músculo

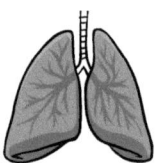

paru-paru
pulmão

hati
fígado

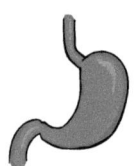

perut
estômago

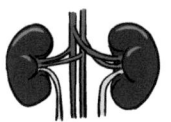

buah pinggang
rins

seks
relações sexuais

kondom
preservativo

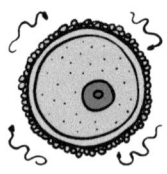

faraj
óvulo

mani
esperma

mengandung
gravidez

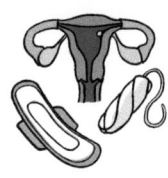

haid

menstruação

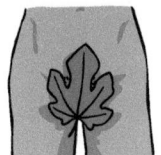

faraj

vagina

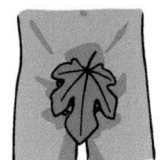

penis

pénis

kening

sobrancelha

rambut

cabelo

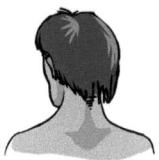

leher

pescoço

hospital
hospital

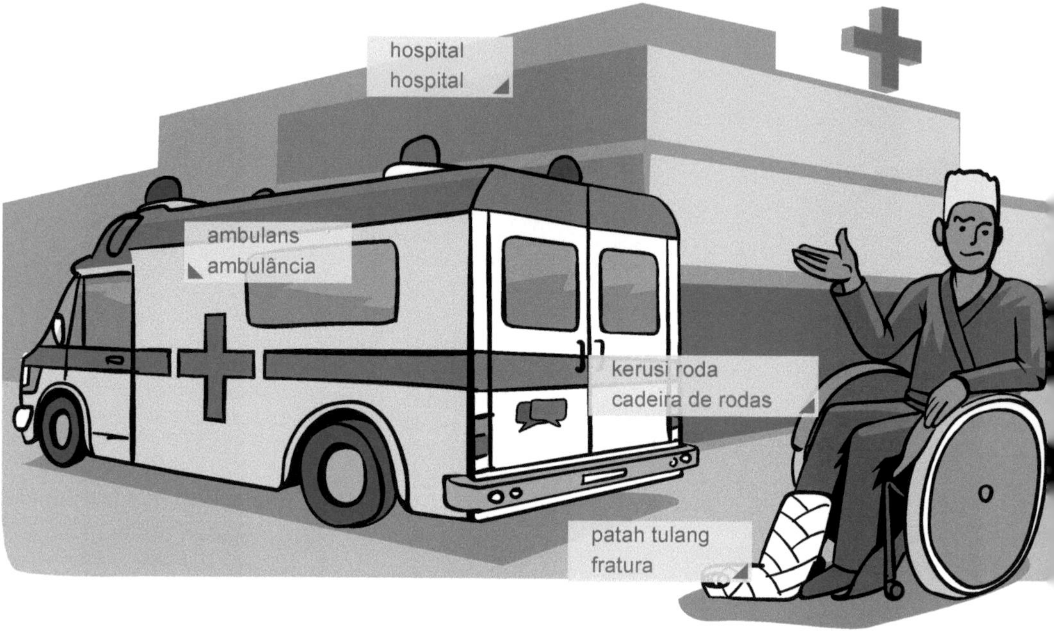

hospital
hospital
ambulans
ambulância
kerusi roda
cadeira de rodas
patah tulang
fratura

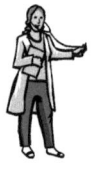

doktor
médico

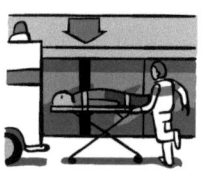

bilik kecemasan
serviço de urgências

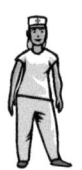

jururawat
enfermeira

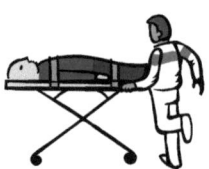

kecemasan
emergência

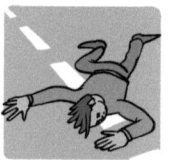

tak sedar
inconsciente

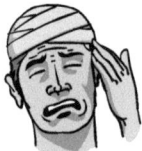

sakit
dor

kecederaan

ferimento

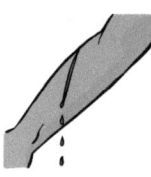

pendarahan

hemorragia

serangan jantung

ataque cardíaco

strok

cidente vascular cerebral

alergi

alergia

batuk

tosse

demam

febre

selesema

gripe

cirit-birit

diarreia

sakit kepala

dor de cabeça

kanser

cancro

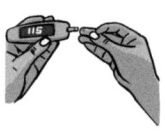

diabetes

diabetes

pakar bedah

cirurgião

pisau bedah

bisturi

pembedahan

operação

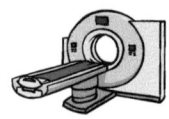

CT

CT

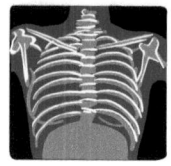

x-ray

raio x

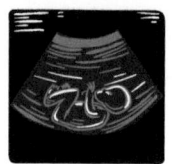

ultrabunyi

ultrassom

topeng muka

máscara

penyakit

doença

bilik menunggu

sala de espera

penongkat

muleta

plaster

penso rápido

pembalut

ligadura

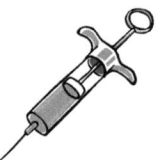

suntikan

injeção

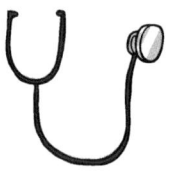

stetoskop

estetoscópio

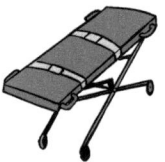

pengusung

maca

termometer klinik

termómetro

kelahiran

nascimento

berat badan berlebihan

excesso de peso

alat pendengaran

aparelho auditivo

disinfektan

desinfetante

jangkitan

infeção

virus

vírus

HIV / AIDS

HIV / SIDA

perubatan

medicamento

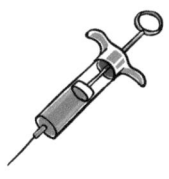

vaksinasi

vacinação

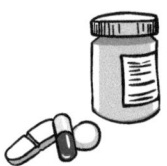

tablet

comprimidos

pil

pílula

panggilan kecemasan

chamada de emergência

pantau tekanan darah

dispositivo de medição de
pressão arterial

sakit / sihat

doente / saudável

Tolong!

Socorro!

penggera

alarme

serang

assalto

serangan

ataque

bahaya

perigo

pintu kecemasan

saída de emergência

Api!

Fogo!

alat pemadam api

extintor de incêndios

kemalangan

acidente

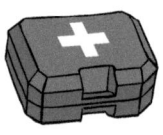

alat pertolongan cemas

estojo de primeiros socorros

SOS

SOS

polis

polícia

Eropah

Europa

Amerika Utara

América do Norte

Amerika Selatan

América do Sul

Afrika

África

Asia

Ásia

Australia

Austrália

Atlantic

Atlântico

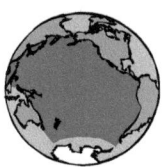

Pasifik

Pacífico

Lautan Hindi

Oceano Índico

Lautan Antartik

Oceano Antártico

Lautan Artik

Oceano Ártico

Kutub utara

Polo Norte

Kutub Selatan

Polo Sul

Antartika

Antártica

bumi

terra

tanah

país

laut

mar

pulau

ilha

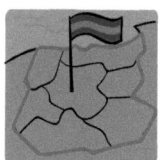

negara

nação

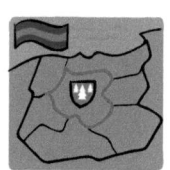

negeri

estado

muka jam

mostrador do relógio

tangan jam

ponteiro das horas

tangan minit

ponteiro dos minutos

terpakai

ponteiro dos segundos

Jam berapa sekarang

Que horas são?

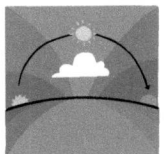

hari

dia

masa

tempo

sekarang

agora

jam digital

relógio digital

minit

minuto

jam

hora

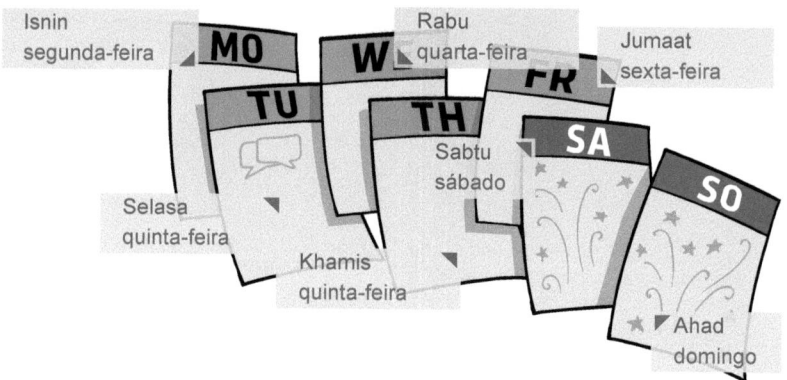

Isnin
segunda-feira

Rabu
quarta-feira

Jumaat
sexta-feira

Selasa
quinta-feira

Sabtu
sábado

Khamis
quinta-feira

Ahad
domingo

semalam
ontem

hari ini
hoje

esok
amanhã

pagi
manhã

tengah hari
meio-dia

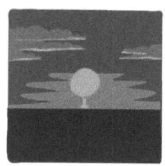

petang
entardecer

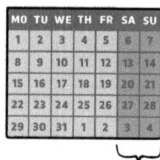

hari kerja
dias úteis

hari minggu
fim de semana

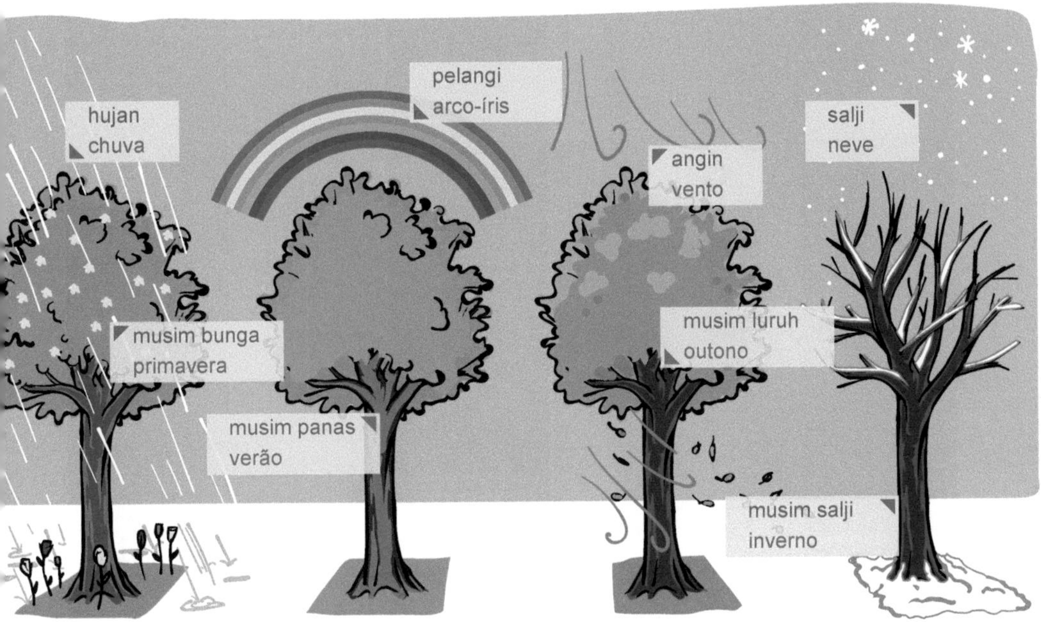

hujan
chuva
pelangi
arco-íris
angin
vento
salji
neve
musim bunga
primavera
musim panas
verão
musim luruh
outono
musim salji
inverno

4.APRIL 11°
5.APRIL 4°
6.APRIL 13°
7.APRIL 8°
8.APRIL 10°

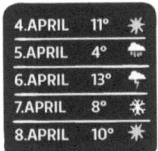

ramalan cuaca
....
previsão do tempo

F C
120 40
90 30
60 20
30 10
0 0
-30 -10
-20

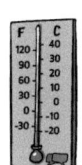

termometer
....
termómetro

sinar matahari
....
raios de sol

awan
....
nuvem

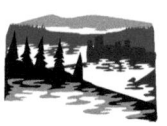

kabus
....
neblina / nevoeiro

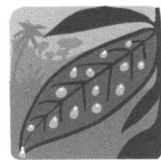

lembapan
....
humidade do ar

kilat
....
relâmpago

petir
....
trovão

ribut
....
tempestade

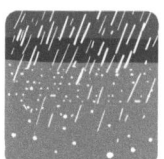

hujan batu
....
granizo

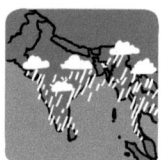

monsun
....
monção

banjir
....
inundação

ais
....
gelo

Januari
....
janeiro

Februari
....
fevereiro

Mac
....
março

April
....
abril

Mei
....
maio

Jun
....
junho

Julai
....
julho

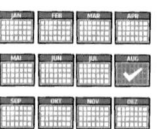

Ogos
....
agosto

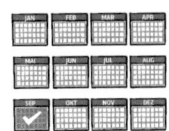

September
....
setembro

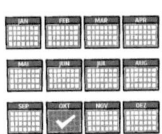

Oktober
....
outubro

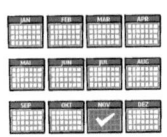

November
....
novembro

Disember
....
dezembro

bulatan
....
círculo

petak
....
quadrado

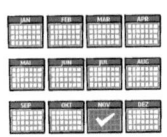

segi empat tepat
....
retângulo

segitiga
....
triângulo

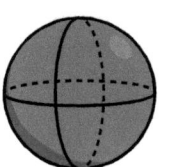

sfera
....
esfera

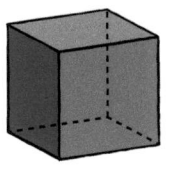

kiub
....
cubo

putih

branco

kuning

amarelo

oren

laranja

merah jambu

rosa

merah

vermelho

ungu

lilás

biru

azul

hijau

verde

coklat

castanho

kelabu

cinzento

hitam

preto

banyak / sedikit

muito / pouco

marah / tenang

furioso / calmo

cantik / hodoh

lindo / feio

bermula / tamat

princípio / fim

besar kecil

grande / pequeno

terang / gelap

claro / escuro

abang / kakak

irmão / irmã

bersih / kotor

limpo / sujo

lengkap / tidak lengkap

completo / incompleto

hari / malam

dia / noite

mati / hidup

morto / vivo

luas / sempit

largo / estreito

boleh dimakan / tidak boleh dimakan

comestível / não comestível

jahat / baik

mau / gentil

teruja / bosan

entusiasmado / entediado

gemuk / kurus

gordo / magro

pertama / terakhir

primeiro / último

kawan / musuh

amigo / inimigo

penuh / kosong

cheio / vazio

keras / lembut

duro / macio

berat / ringan

pesado / leve

lapar / dahaga

fome / sede

sakit / sihat

doente / saudável

menyalahi undang-undang / undang-undang

ilegal / legal

pintar / bodoh

inteligente / burro

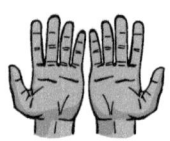

kiri / kanan

esquerda / direita

dekat / jauh

perto / longe

baru / lama
....
novo / usado

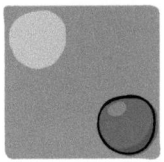

tiada / sesuatu
....
nada / algo

tua / muda
....
velho / jovem

hidup / mati
....
ligado / desligado

terbuka / tertutup
....
aberto / fechado

diam / bising
....
baixo / alto

kaya / miskin
....
rico / pobre

betul / salah
....
certo / errado

kasar / halus
....
áspero / liso

sedih / gembira
....
triste / feliz

pendek / panjang
....
curto / longo

lambat / laju
....
lento / rápido

basah / kering
....
molhado / seco

panas / sejuk
....
ameno / fresco

berperang / berdamai
....
guerra / paz

0

sifar

zero

1

satu

um

2

dua

dois

3

tiga

três

4

empat

quatro

5

lima

cinco

6

enam

seis

7

tujuh

sete

8

lapan

oito

9

sembilan

nove

10

sepuluh

dez

11

sebelas

onze

12

dua belas

doze

13

tiga belas

treze

14

empat belas

catorze

15

lima belas

quinze

16

enam belas

dezasseis

17

tujuh belas

dezassete

18

lapan belas

dezoito

19

Sembilan belas

dezanove

20

dua puluh

vinte

100

ratus

cem

1.000

ribu

mil

1.000.000

juta

milhão

Bahasa Inggeris

inglês

Bahasa Inggeris Amerika

inglês americano

Bahasa Cina Mandarin

chinês mandarim

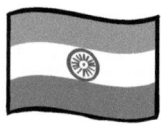

Bahasa Hindi

hindi

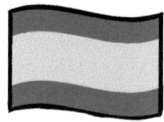

Bahasa Sepanyol

espanhol

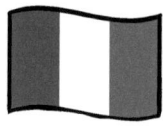

Bahasa Perancis

francês

Bahasa Arab

árabe

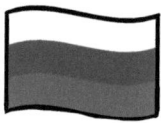

Bahasa Rusia

russo

Bahasa Portugis

português

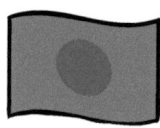

Bahasa Benggali

bengalês

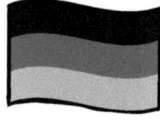

Bahasa Jerman

alemão

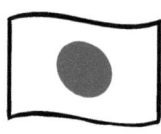

Bahasa Jepun

japonês

saya

eu

anda

tu

dia / dia / ia

ele / ela

kita

nós

anda

vós

mereka

eles / elas

siapa?

quem?

apa?

o quê?

bagaimana?

como?

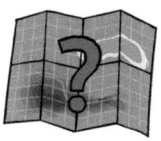

di mana?

onde?

bila?

quando?

nama

nome

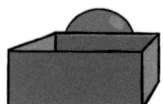

belakang

atrás

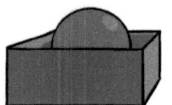

dalam

em

di hadapan

à frente de

lebih

sobre

pada

em cima

di bawah

debaixo

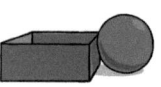

bersebelahan

ao lado

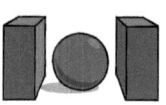

antara

entre

tempat

lugar